Diccionario Bilingüe Ilustrado

2

REDACCIÓN:
Gloria Cecilia Díaz
Gwen McNenney

ILUSTRACIÓN:
Francisco Fernando Correa

DIAGRAMACIÓN Y MONTAJE:
Alvaro González
Luz María Reyes

SUBDIRECCIÓN PEDAGÓGICA:
Ernesto Franco Rugeles

DIRECCIÓN ARTÍSTICA:
Benhur Sánchez Suárez

DIRECCIÓN GENERAL:
María Candelaria de Perry

National Textbook Company
a division of *NTC Publishing Group* • Lincolnwood, Illinois USA

1990 Printing

This edition first published in 1987 by National Textbook Company, a division of NTC Publishing Group, 4255 West Touhy Avenue, Lincolnwood (Chicago), Illinois 60646-1975 U.S.A.

©Copyright 1978 by Voluntad Editores Ltda. y Cía. S. C. A.

Printed in Hong Kong.

9 0 SC 9 8 7 6 5 4 3 2

CONTENIDO

Nota para padres y maestros

Los tres volúmenes del *Diccionario Bilingüe Ilustrado* fueron diseñados para suplir una creciente necesidad de materiales bilingües en español e inglés para niños en países de habla inglesa. Tanto los padres como los maestros entienden el valor y la utilidad de dar aliento al bilingüismo español-inglés a tierna edad. Existe hoy un apercio general de los beneficios procedientes de contacto a tierna edad con dos culturas, las cuales se encuentran estrechamente ligadas por la historia y la geografía.

Los volúmenes de esta serie se arreglaron en orden de dificultad de lenguaje. En el *Diccionario Bilingüe 1*, sustantivos seleccionados por su pertinencia a la experiencia del niño, y también de uso común, fueron agrupados a base de tópicos. Se incluyeron temas como la familia, el hogar, el cuerpo, las profesiones, los animales. Se catalogaron palabras, en español y en inglés, con vividos dibujos polícromos, con el propósito de ilustrar el significado de palabras.

El Diccionario Bilingüe 2 suministra a los niños el primer contacto con un vocabulario arreglado en orden alfabético—un factor esencial en el desarrollo de destreza en el uso de libros de referencia. El vocabulario incluido contiene verbos, adjetivos, adverbios y pronombres, además de los sustantivos. Todos estos términos se relacionan aún a la experiencia inmediata de la niñez—la escuela, el juego, el hogar, los amigos, etc. El Volumen 2 ilustra el significado de palabras por medio de dibujos polícromos y, también, con oraciones ejemplares en español y en inglés. Estas oraciones demuestran el uso de palabras en contextos diarios para los niños. Finalmente, las nociones de *sinónima y antónima* se introducen en dos apéndices al final del libro. Ambos son conceptos claves en el proceso de enriquecer el vocabulario.

El Diccionario Bilingüe 3 ofrece un vocabulario ampliamente ensanchado, el cual se apoya menos en dibujos que en definiciones y oraciones ejemplares en español, con el propósito de clarificar el significado de palabras. Como es el caso en diccionarios más avanzados, la pronunciación fonética, los componentes del lenguaje y los significados múltiples se indican en cada concepto. Un apéndice suministra modelos para la conjugación de verbos regulares en la lengua hispana, incluyendo el presente, el pretérito simple y el futuro, así como también 18 verbos irregulares en esos mismos tiempos.

Ya sean usados individualmente, o en series, los *Diccionarios Bilingües 1, 2 y 3* son una fuente ideal para el enriquecimiento del vocabulario del niño en un segundo idioma, para ensanchar su conocimiento de una segunda cultura y para cultivar su destreza en el uso de libros de referencia, los cuales son de importancia clave en el desarrollo educativo. El atrayente diseño polícromo de los libros, garantiza que los niños los abrirán para el simple gozo de ellos. Y nada estímula el aprendizaje de lenguas más eficazmente que el gozo en el estudio.

To Parents and Teachers

The three volumes of the *Diccionario Bilingüe Ilustrado* are designed to fill a growing need for Spanish-English bilingual materials for children in English-speaking countries. Parents and teachers have understood the value and practicality of encouraging Spanish-English bilingualism at a young age. The benefits of early contact with two cultures, closely linked in history and geography, are now generally appreciated.

The volumes in this series are arranged in order of language difficulty. In *Diccionario Bilingüe 1*, commonly used nouns are grouped by topics, which have been selected for their relevance to a child's experience. Included are such areas as the family, the home, the body, professions, and animals. Words are listed in both Spanish and English, along with lively full-color pictures to illustrate the meanings of words.

Diccionario Bilingüe 2 provides children with their first contact with a lexicon arranged according to *alphabetical* order—an essential factor in the development of reference-book skills. Vocabulary featured goes beyond nouns to include verbs, adjectives, adverbs, and pronouns. All terms still relate to immediate childhood experience—school, play, the home, friends, etc. Volume 2 illustrates the meaning of words both by full-color drawings *and* example sentences in Spanish and English. These sentences show children the ways in which words are used in an everyday context. Finally, two appendixes at the back of the book introduce the notions of *synonym* and *antonym*—crucial concepts in the process of vocabulary enrichment.

Diccionario Bilingüe 3 offers a widely expanded word list that relies less on pictures than on actual verbal definitions and Spanish example sentences to clarify the meanings of words. Just as in dictionaries of a more advanced level, phonetic pronunciation, parts of speech, and multiple meanings are indicated within an entry. At the back of the dictionary, an appendix provides models for the conjugation of regular Spanish verbs in the present, simple past, and future, as well as the conjugation in those same tenses of 18 common irregular verbs. This appendix is an important tool for promoting a child's basic communicative skills.

Used individually or as a series, the *Diccionarios Bilingües 1, 2, and 3* are an ideal resource for enriching a child's vocabulary in a second language, for expanding his or her awareness of a second culture, and for sharpening reference-book skills, which are crucial to educational development. The colorful, attractive format of the dictionaries also assures that children will pick them up for pure enjoyment. And nothing motivates language learning more effectively than enjoyment.

Nota para los niños

En tus manos tienes un libro que te enseñará palabras en dos idiomas: el español y el inglés. Algunas de estas palabras las sabes ya; otras las aprenderás por primera vez. En este libro de palabras (o *diccionario*), encontrarás los términos en orden alfabético. Esto significa que siguen el orden del alfabeto: las palabras que comienzan con la letra **A** se presentan primero, las palabras que comienzan con la letra **B** las siguen, y así sucesivamente, hasta que llegues a las palabras que comienzan con la **Z**.

Encontrarás un dibujo adjunto a cada palabra, para ayudarte a que aprendas. El dibujo te muestra exactamente lo que la palabra significa. También encontrarás cada palabra española aplicada en una oración española, y la palabra equivalente inglesa aplicada en una oración inglesa. Esas oraciones te demostrarán cómo hacer uso de las palabras al hablar y al escribir.

Además de aprender significados, puedes usar este diccionario para averiguar cómo deletrear palabras, o para aprender palabras que se deletrean de la misma manera pero con significado distinto. Las páginas posteriores de este libro te ayudarán cuando desees saber el concepto opuesto de una palabra (una *antónima*) o alguna otra palabra que significa lo mismo (una *sinónima*).

A través de este diccionario, descubrirás un mundo nuevo de palabras. Y las palabras que aprenderás te ayudarán a leer, a escribir y a hablar mejor, tanto en español como en inglés.

To the Children

You have in your hands a book that will teach you words in two different languages: Spanish and English. Some of the words you already know; others you will learn for the first time. In this word book (or *dictionary*), you will find terms in alphabetical order. That means they follow the order of the alphabet: words beginning with **A** come first, words that start with **B** come second, and so on, until you get to **Z.**

To help you learn, you will find a picture next to each word. The picture *shows* you exactly what a word means. You will also find each Spanish word used in a Spanish sentence, and the English word that means the same thing used in an English sentence. Those sentences will show you how we use the word when we speak or write.

Besides learning meanings, you can also use this dictionary to find out how you spell words or to learn words that are spelled the same but have different meanings. The last pages of this book will help you when you want to know the opposite of a word (an *antonym*) or another word that means exactly the same thing (a *synonym*).

Through this dictionary, you will discover a whole new world of words. And the words you learn will help you read, write, and speak better both in Spanish and in English.

abuela
La abuela trabaja en la tienda.
The **grandmother** works in the store.

agradable
El olor de la rosa es agradable.
The rose's   fragance is **pleasant**.

agua
El agua del mar es muy salada.
Ocean **water** is very salty.

ala
El pájaro extiende una ala.
The bird spreads its **wing**.

alegre   La niña está alegre.
              The girl is **happy**.

amigo   Federico es mi amigo.
              Frederick is my **friend**.

animal   La ardilla es un animal del bosque.
              The squirrel is an **animal** which lives in the forest.

aprender El niño quiere aprender a caminar.
              The boy wants **to learn** to walk.

árbol   Hay un árbol en la granja.
              There is a **tree** on the farm.

ambulancia La ambulancia va al hospital.
                The **ambulance** is going to
                the hospital.

bandera

El viento agita la bandera.
The wind is blowing the **flag**.

barco

El barco llega al puerto a las 8:00.
The **ship** puts into port at 8:00.

barrio

En mi barrio las calles son anchas.
In my **neighborhood** the
streets are wide.

bella

La muñeca es bella.
The doll is **beautiful**.

biblioteca   En la biblioteca hay muchos libros.
                    There are lots of books in the **library**.

bien   Has hecho bien tu trabajo.
                    You've done a **fine** job.

bonito   El campo de trigo es bonito.
                    The wheat field is **pretty**.

bota   Esa bota la hizo el zapatero.
                    The shoemaker made that **boot**.

buena   La comida es buena.
                    The meal is **good**.

burro   El burro pasea por el campo.
                    The **donkey** is walking through the countryside.

caer

Ese hombre se va a caer.
That man is going **to fall down**.

café

El café está caliente.
The **coffee** is hot.

calor

Con tanto calor no puedo estudiar.
It's too **hot** to study.

camino

Por ese camino puedes ir a casa.
You can take that **road** to get home.

campo   El campo está lleno de flores en
              primavera.
              The **countryside** is full of flowers
              in the springtime.

capital   La Ciudad de México es la capital de México.
              Mexico City is the **capital** of Mexico.

centavo   Pongo un centavo en mi alcancía.
              I'm putting a **penny** in my piggy bank.

ciudad   En Navidad la ciudad tiene muchas luces de colores.
              At Christmastime the **city** is filled with colored
              lights.

comprar   ¿Puedo comprar caramelos?
              May I **buy** some candy?

correo   Las cartas se llevan al correo.
              The letters are carried to the **Post Office**.

chaleco

El payaso tiene un chaleco verde.
The clown has a green **vest**.

chaqueta

Esta es la chaqueta de mi tío.
This is my uncle's **jacket**.

Chile

Chile es un país.
Chile is a country.

chimenea

Hay fuego en la chimenea.
There's a fire in the **fireplace**.

chino   El muchacho chino se mira al espejo.
The **Chinese** boy is looking
at himself in the mirror.

chiquillo   ¿Por qué llora este chiquillo?
Why is this **child** crying?

chocolate   ¿Quieres más chocolate?
Do you want some more **chocolate**?

chofer   El chofer lleva el carro al mecánico.
The **driver** is taking the car to the mechanic.

choza   La choza es de madera.
The **hut** is made of wood.

chuleta de cerdo   ¡Qué rica está la chuleta de cerdo!
This **pork chop** is delicious!

dalia

Puse una dalia en el florero.
I put a **dahlia** in the flower vase.

dar

¿Me vas a dar un dólar?
Are you going **to give** me a dollar?

decir

Te voy a decir un secreto.
I'm going **to tell** you a secret.

difícil

Es difícil subir esa montaña.
That mountain is **difficult** to climb.

dinero   El dinero está sobre la mesa.
The **money** is on the table.

dolor   Carlos tiene dolor.
Charles is in **pain**.

dónde   María, ¿dónde estás?
Mary, **where** are you?

dulce   Helena me regaló un dulce.
Helen gave me a piece of **candy**.

dura   La pared es dura.
The wall is **hard**.

durazno   Compramos un durazno en el supermercado.
We bought a **peach** at the grocery store.

edificio
Mi papá trabaja en ese edificio.
My dad works in that **building**.

elefante
El elefante se baña en el río.
The **elephant** takes a bath in
the river.

empezar
Vamos a empezar a correr.
We are going **to start** running.

enfermo
Encontramos un perrito enfermo.
We found a **sick** puppy.

erizo   ¡Cuidado con ese erizo!
Watch out for that **porcupine**!

escribir   ¿Vas a escribir una carta?
Are you going **to write** a letter?

escritorio   Tengo los libros sobre el escritorio.
I have the books on the **desk**.

espejo   Mamá compró un lindo espejo.
Mom bought a pretty **mirror**.

estrella   Veo una estrella cerca a la luna.
I see a **star** near the moon.

estudiante   Yo soy estudiante.
I am a **student**.

Ff

fácil

¡Qué fácil es deslizarse!
How **easy** it is to slide!

familia

La familia Gómez arregla el jardín.
The Gómez **family** fixes up
the garden.

feliz

¡Te ves muy feliz!
You seem very **happy**!

feo

Ese mono es muy feo.
That monkey is very **ugly**.

fiesta   Nos divertimos en la fiesta.
                We're having fun at the **party.**

florero   El florero es azul.
                The **flower vase** is blue.

fresa   La fresa es una fruta.
                The **strawberry** is a fruit.

frutería   En la frutería puedes comprar naranjas.
                You can buy oranges in the **fruit market**.

fuego   El fuego acabó con la casa.
                The **fire** destroyed the house.

fuente   La fuente está iluminada.
                The **fountain** is lit up.

gallina

Una gallina tiene muchas plumas.
A **hen** has lots of feathers.

ganar

Tienes que practicar
para ganar la carrera.
To win the race you
have to practice.

gaviota

La gaviota vuela sobre la playa.
The **seagull** is flying over the beach.

gente

La calle está llena de gente.
The street is full of **people**.

gordo
El bebé está gordo.
The baby is **fat**.

gota
Hay una gota de agua en tu vestido.
There's a **drop** of water on your dress.

gracias
Está delicioso, gracias.
Thanks, it's delicious.

grande
El roble es un árbol grande.
Oak trees are **big**.

guitarra
Felipe toca la guitarra.
Philip plays the **guitar**.

gusano
El gusano come hojas.
The **caterpillar** eats leaves.

Hh

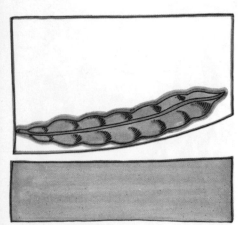

habichuela   Hay habichuelas para el almuerzo.
We have **string beans** for lunch.

hacer   ¿Qué vas a hacer mañana?
What are you going **to do** tomorrow?

hada   El hada tiene un
vestido azul.
The **fairy** has
a blue dress.

hambre   El gato tiene hambre.
The cat is **hungry**.

helicóptero   Jaime conduce un helicóptero.
James flies a **helicopter**.

hermoso   El cielo en verano es hermoso.
In the summertime the sky is **lovely**.

hijo   La señora Ramírez tiene un hijo.
Mrs. Ramírez has a **son**.

hombre   Aquel hombre lee el periódico.
That **man** reads the newspaper.

hospital   La ciudad tiene un nuevo hospital.
The city has a new **hospital**.

huevo   Me gusta comer el huevo con jamón.
I like ham and **eggs**.

iglesia La iglesia está en el centro
de la ciudad.
The **church** is downtown.

igual Mi camión es igual al tuyo.
My truck is the **same** as yours.

importante El presidente es una persona
importante.
The president is an **important** person.

indio Ese es un indio Sioux.
That is a Sioux **Indian**.

inglés   Yo puedo hablar inglés.
               I can speak **English**.

insecto   La mosca es un insecto.
               The fly is an **insect**.

inútil   Es inútil tratar de arreglar la
               bicicleta.
               It is **useless** to try fixing
               the bicycle.

invierno   En invierno hacemos muñecos de nieve.
               In the **wintertime** we build snowmen.

ir   ¿Quieres ir a jugar?
               Do you want **to go** play?

isla   Esa isla es muy pequeña.
               That **island** is very small.

J J

jardín

El jardín del parque está lleno
de flores.
The **garden** in the park is full
of flowers.

jarra

La jarra tiene agua.
The **jug** contains water.

jaula

El león está en una jaula.
The lion is in a **cage**.

jefe

El jefe está en la oficina.
The **boss** is in the office.

jirafa

En el zoológico hay una jirafa.
There is a **giraffe** in the zoo.

joven
Mi hermana es joven.
My sister is **young**.

joya
Ese collar tiene una joya grande.
That necklace has a large **jewel**.

jugar
Ven a jugar a los vaqueros.
Come **play** cowboys.

jugo
María hace jugo de naranja.
Mary makes orange **juice**.

junio
Junio es el sexto mes del año.
June is the sixth month of the year.

29

Kk

kilómetro

Recorrí un kilómetro en mi bicicleta.
I rode one **kilometer** on my bike.

kimono

Esa japonesa viste un kimono.
That Japanese lady is wearing
a **kimono.**

kiosco

El kiosco está en el parque.
The **gazebo** is in the park.

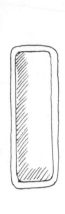
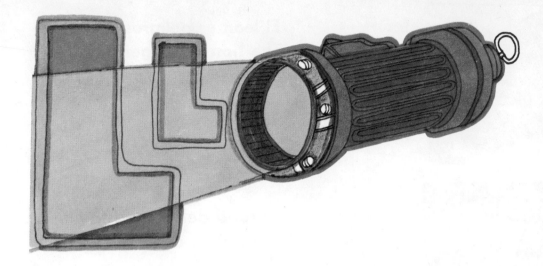

lámpara   Cerca a mi cama tengo una lámpara.
                I have a **lamp** near my bed.

lana   Usamos vestidos de lana en el invierno.
                In wintertime we wear **wool** dresses.

largo   Este puente es largo.
                This is a **long** bridge.

lección   El profesor nos hace preguntas sobre
                la lección.
                The teacher asks us
                questions about the **lesson.**

león

El león es peligroso.
The **lion** is dangerous.

limpia

La ropa del bebé está limpia.
The baby's clothes are **clean**.

lindo

Es lindo tu vestido, mamá.
Mom, your dress is **lovely**.

lobo

El lobo cazó una oveja.
The **wolf** caught a sheep.

locomotora

Daniel juega con una locomotora.
Daniel is playing with an **engine**.

lugar

El parque es un lugar para divertirse.
The park is a **place** for having fun.

llama

La llama tiene lana fina.
The **llama** has fine wool.

llamar

Juan va a llamar a Luisa.
John is going **to call** Louise.

llave

Con una llave abro la puerta.
I open the door with a **key**.

lleno

El lago está lleno de agua.
The lake is **full** of water.

llorar

¿Quién te hizo llorar?
Who made you **cry**?

llover

Creo que va a llover hoy.
I think it's going **to rain** today.

lluvia

La lluvia cae sobre la ciudad.
The **rain** is falling on the city.

madera El carpintero trabaja la madera.
The carpenter works with **wood**.

maestro El maestro está contento.
The **teacher** is happy.

mal Te pusiste mal los zapatos.
You put your shoes on the
wrong way.

mañana Hoy es domingo; mañana es lunes.
Today is Sunday;
tomorrow is Monday.

mar
Los barcos grandes van por el mar.
The big ships sail the **sea**.

mejor
Esta muñeca es mejor que aquella.
This doll is **better** than that one.

mes
En el mes de Julio hace calor.
It's hot during the **month** of July.

miedo
Ese monstruo me da miedo.
I am **afraid** of that monster.

montaña
Hay una casita en una montaña.
There is a house on the **mountain**.

mujer
Mamá es una mujer bonita.
Mom is a pretty **woman**.

nadar   Vamos a nadar.
Let's go **swimming**.

negro   Mi papá tiene una corbata negra.
My dad has a **black** tie.

nena   A esa nena le gustan los aviones.
That little **girl** likes airplanes.

nido   Los pajaritos hacen un nido.
The little birds are making a **nest**.

niño

El niño llora.
The **boy** is crying.

nombre

Mi nombre es Helena.
My **name** is Helen.

nosotros

Nosotros vamos a la escuela.
We are going to school.

nube

Esa nube no deja ver el sol.
That **cloud** is hiding the sun.

nuevo

¡Tienes un carro nuevo!
You have a **new** car!

número

Este es el número cinco.
This is the **number** five.

ñandú

El ñandú se parece al avestruz.
The **ñandú** is similar to the ostrich.

ñu

El ñu parece un caballito
con cabeza de toro.
The **gnu** resembles a pony with
a bull's head.

ocho	Tengo ocho lápices. I have **eight** pencils.
oficina	Esta oficina es grande. This **office** is large.

oír	¿Quieres oír una canción? Would you like **to hear** a song?

olor	Me gusta el olor del pan. I like the **smell** of bread.
orilla	Hay árboles a la orilla del río. There are trees at the river's **edge**.

oro

El anillo es de oro.
The ring is made of **gold**.

oscuro

El túnel es oscuro.
The tunnel is **dark**.

oso

Al oso le gusta la miel.
Bears like honey.

otoño

Las hojas de los árboles se caen
en el otoño.
In **autumn** the leaves fall from
the trees.

oveja

A esa oveja le cortan la lana.
They are shearing off this
sheep's wool.

41

página
El cuento empieza
en la primera página.
The story begins on the first **page**.

país
México es un país.
Mexico is a **country**.

palabra
Repite la palabra: ¡hola!
Repeat the **word**, Hello!

parte
Toma una parte de mi almuerzo.
Have **some** of my lunch.

persona
Hay una persona en la puerta.
There's **someone** at the door.

playa

Me gusta la arena de la playa.
I like sand on the **beach.**

primavera

Los jardines se llenan de flores
en la primavera.
In the **springtime** gardens are
full of flowers.

pobre

El señor Pérez es pobre;
no tiene trabajo ni dinero.
Mr. Perez is **poor**;
he's not working and has no money.

pronto

¡Ven pronto!
Come **quickly**!

público

El público aplaude al cantante.
The **audience** applauds the singer.

quebrar

El gato va a quebrar el vaso.
The cat is going **to break** the glass.

quepis

El soldado tiene un quepis.
The soldier has a **military cap**.

queso

A los ratones les gusta el queso.
Mice love **cheese**.

quién

¿Quién toca a la puerta?
Who is knocking at the door?

quieto

Por favor quédate quieto.
Please sit **still**.

quitasol

Tenemos un quitasol rojo.
We have a red **beach umbrella**.

rama

Se cayó una rama del árbol.
A **branch** fell off the tree.

recreo

En el recreo podemos jugar.
During **recess** we can play.

reina

La reina vive en un palacio.
The **queen** lives in a palace.

retrato

Ana tiene un retrato de su bebé.
Anne has a **picture** of her baby.

rico

¡Hum! ¡Qué rico pastel!
Yummy, what **delicious** pie!

río   Carlos nada en el río.
Charles swims in the **river**.

romper   No puedes romper ese papel.
You can't **tear** that paper.

rosa   Toma esa rosa roja.
Take this red **rose**.

roto   El mantel está roto.
The tablecloth is **torn**.

rueda   La carreta tiene una rueda rota.
The wagon has a broken **wheel**.

S s

sábado

El sábado no hay escuela.
There's no school on **Saturday**.

saber

¿Quieres saber mi nombre?
Do you want **to know** my name?

salón

Tenemos un lindo salón de clase.
We have a pretty **classroom**.

sastre

El sastre cose los vestidos.
The **tailor** sews suits.

semana   La semana tiene siete días.
A **week** has seven days.

sentir   Vas a sentir dolor en el brazo.
You are going **to feel**
pain in your arm.

ser   ¿Quieres ser astronauta?
Do you want **to be** an astronaut?

sitio   ¿Hay sitio para mí?
Is there **room** for me?

solo   El pajarito está solo en la jaula.
The little bird is **alone** in the cage.

suave   La piel del conejo es muy suave.
Rabbit fur is very **soft**.

tabla

Esta tabla nos sirve de puente.
We use this **board** as a bridge.

también

Ven tú también.
You come **also**.

tarde

Llegué tarde a la escuela.
I got to school **late**.

teatro

La gente espera que abran el teatro.
The people are waiting for
the **theater** to open.

teléfono

Pilar habla por teléfono.
Pilar is talking on the **phone**.

tierra

La Tierra es redonda.
The **Earth** is round.

todo

Quiero todo el helado.
I want **all** the ice cream.

trabajar

Mamá salió a trabajar en el jardín.
Mom went outside to **work**
in the garden.

tren

El tren llega a la ciudad a las 9:00.
The **train** gets into the city at 9:00.

triste

Jacinto está enfermo y yo estoy triste.
Jacinto is sick and I'm **sad**.

última	Esta es la última manzana. This is the **last** apple.

única	Ana es la única hija; no tiene hermanos. Anne is the **only** daughter; she doesn't have any brothers.
unir	Voy a unir los lazos. I'm going **to join** the ropes.

uña	¡Qué uña tan larga! What a long **fingernail**.
urraca	La urraca es negra. The **magpie** is black.

usar

Hoy voy a usar la bicicleta.
Today I'm going **to use** the bicycle.

usted

¿Usted es el señor Pérez?
Are **you** Mr. Perez?

utensilio

La cuchara es un utensilio.
The spoon is a **utensil**.

utilizar

¿Quieres utilizar mi lápiz?
Do you want **to use** my pencil?

uva

El vino se hace de la uva.
Wine is made from **grapes**.

vaca	Esa vaca tiene un ternerito. That **cow** has a baby calf.
vacaciones	En las vacaciones iremos a la playa. During on our **vacation** we'll go to the beach.

varios   En la granja hay varios caballos.
There are **several** horses on the farm.

vender   El señor Medina va a vender su auto.
Mr. Medina is going **to sell** his car.

verano
En el verano hace mucho calor.
It's very hot in the **summertime**.

verdad
Dime la verdad, ¿quién rompió el vaso?
Tell me the **truth.** Who broke the glass?

viaje
Los astronautas hicieron un viaje
a la luna.
The astronauts took a **trip**
to the moon.

vivir
Los árboles necesitan agua para vivir.
Trees need water **to live**.

volver
Tenemos que volver a la escuela.
We have **to return** to school.

voz
Roberto canta bien. Tiene buena voz.
Robert sings well.
He has a good singing **voice**.

Washington Washington es la capital
de los Estados Unidos.
Washington is the capital
of the United States.

water-polo Me gusta jugar al water-polo
con mis amigos.
I enjoy playing **waterpolo**
with my friends.

xilófono
Yo puedo tocar el xilófono.
I can play the **xylophone**.

xilografía
Xilografía es el arte de grabar en la madera.
Xilography is the art of wood engraving.

Yy

ya

Ya te puedes ir.
Now you can go.

yate

El yate navega en el mar.
The **yacht** sails on the sea.

yema

Me gusta la yema del huevo.
I like egg **yolk**s.

yeso

Juan tiene yeso en la pierna.
John has a **cast** on his leg.

yo

Yo no voy.
I am not going.

zafiro   El zafiro es azul.
               The **sapphire** is blue.

zambullir Te puedes zambullir en el agua.
               You may **dive** in the water.

zanahoria El conejo come zanahoria.
               The rabbit eats **carrots**.

zancudo   Un zancudo me picó.
               A **mosquito** bit me.

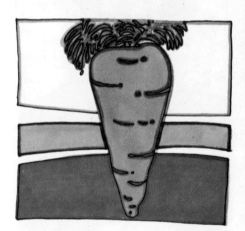

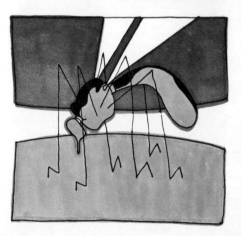

zapatería

En la zapatería arreglan
y venden zapatos.
In the **shoe store** they repair
and sell shoes.

zapatero

El señor López es zapatero.
Mr. López is a **shoemaker**.

zapato

¿Has visto mi zapato?
Have you seen my **shoe**?

zumbido

A papá no le gusta el zumbido
de las moscas.
Dad doesn't like the **buzzing** of flies.

Apéndice A

Hay palabras que significan exactamente lo contrario de otras. A estas palabras las llamamos **antónimos**.

alegre - triste: Francisco está **triste**; no quiere jugar.
                     Francisco está **alegre**; quiere jugar.

bello - feo: Este libro es **bello**; me gusta.
                     Este libro es **feo**; no me gusta.

bueno - malo: El programa de televisión está **bueno**; quiero verlo.
                     El programa de televisión está **malo**; no quiero verlo.

duro - suave: El pan está viejo; está **duro**.
                     El pan está fresco; está **suave**.

fácil - difícil: La tarea es **fácil**; puedo hacerla solo.
                     La tarea es **difícil**; no puedo hacerla solo.

parte - todo: Yo quiero una **parte** del postre.
                     Yo quiero **todo** el postre.

rico - pobre: Natalia recibió una herencia; es **rica**.
                     Natalia no tiene dinero; es **pobre**.

varios - único: Esa familia tiene **varios** hijos; son muchos.
                     Juan no tiene hermanos; es el **único** hijo.

Apéndice B

Hay palabras que quieren decir lo mismo aunque se escriban diferente. Estas palabras se llaman **sinónimos**.

agradable: Es **agradable** oír música.
                            Es **placentero** oír música.

alegre: Mamá está **alegre**, canta y baila.
                            Mamá está **contenta**, canta y baila.

bien: El ejercicio está **bien** hecho.
                            El ejercicio está **correcto**.

buena: La manzana está **buena**.
                            La manzana está **sabrosa**.

triste: Ella está **triste**, perdió su muñeca.
                            Ella está **aburrida**, perdió su muñeca.

quieto: El zorro está **quieto**, no se mueve.
                            El zorro está **inmóvil**, no se mueve.

lleno: El barril está **lleno** de ropa.
                            El barril está **repleto** de ropa.

difícil: Nadar bajo el agua es **difícil**.
                            Nadar bajo el agua es **complicado**.